박미영 시집

밀물의 숲

밀물의 숲

인쇄 · 2025년 11월 11일 | 발행 · 2025년 11월 17일

지은이 · 박미영
펴낸이 · 한봉숙
펴낸곳 · 푸른사상사

주간 · 맹문재 | 편집 · 지순이 | 교정 · 김수란
등록 · 1999년 7월 8일 제2-2876호
주소 · 경기도 파주시 회동길 337-16(서패동 470-6) 푸른사상사
대표전화 · 031) 955-9111(2) | 팩스 · 031) 955-9114
이메일 · prun21c@hanmail.net
홈페이지 · http://www.prun21c.com

ⓒ 박미영, 2025

ISBN 979-11-308-2340-9　　03810
값 12,000원

• 저자와의 합의에 의해 인지는 생략합니다.
• 이 도서의 전부 또는 일부 내용을 재사용하려면 사전에 저작권자와
  푸른사상사의 서면에 의한 동의를 받아야 합니다.
• 이 도서의 표지와 본문 레이아웃 디자인에 대한 권리는 푸른사상사에
  있습니다.

본 도서는 충청남도, 충남문화관광재단의 후원으로
발간되었습니다.

푸른사상
시선
217

밀물의 숲

박미영 시집

| 시인의 말 |

한없이 약한
그러나 한없이 독한
쉰 전후의 기억, 또는 망각을 모아
여기에 둔다.

누구나 자신의 나이대에 맞게
적당히 휘둘리고
적당히 흔들리며
날마다 자유롭기를
그리고 여유롭기를 바라며

체념을 반나절 앞두었을 때
좋은 소식이 왔다.
다시금 문을 두드린다.

2025년 10월

박미영

| 차례 |

■ 시인의 말

제1부

입속 바다	13
싸라기밥	14
감압밸브	16
너는 맑음체	18
초승달	19
유리 조각	20
밀물의 숲	22
아무는 동안	24
몽당나무 방식	26
회 한 점	28
집을 수거하다	30
낮잠 잔 날	32
갈대	33
밥벌이	34
단단한 하루	36
개구리와 깨구락지	37
문의 내부	38

제2부

꽃무릇　　　　　　　　41

구덩이　　　　　　　　42

냉(冷)　　　　　　　　44

경광등 추락 사건　　　45

반딧불이　　　　　　　46

반지하　　　　　　　　48

탁란　　　　　　　　　50

죽음의 성수기　　　　　52

시간의 뼈　　　　　　　53

죽음의 외주화　　　　　54

뜬장　　　　　　　　　56

죽음에 다녀온 후　　　57

그루밍　　　　　　　　58

죽음의 편　　　　　　　59

물 위의 신발　　　　　60

혀를 찾는 사람　　　　61

꼬리뼈　　　　　　　　62

| 차례 |

제3부

초식성의 말	65
혀의, 혀에 의한	66
혀의 랩소디	68
혀의 부호	69
바닥	70
내성 발톱	72
시궁쥐에게	73
말린 꼴뚜기	74
꿀통 배추	75
욕지거리	76
혀에 관한 직설	77
혀의 지문	78
혀를 차다	79
길	80
동지 낮달	81
콘크리트 물고기	82
감 씨앗	84
입아귀	86

제4부

대천 바다의 노을	89
매운맛	90
케이블카	92
벚꽃잎	93
무애(無碍)	94
붉은 삽	95
보푸라기	96
말 무덤	97
외롭다는 건	98
목수국 꽃길	99
좋아하는 낱말	100
투구게의 혈족	101
팔짱의 시간	102
오징어튀김	104
땅꺼짐	106
밀물	108

| 차례 |

제5부

매듭의 말 113
그네 타기 114
파도 116
개미핥기 117
혀로 새긴 금석문자 118
따스한 혀 119
옷걸이 120
식물의 견해 121
사탕발림 122
어떤 돌멩이 123
게으른 사랑 124
선유도 125
눈송이의 부력 126
때를 버리고 순해진 까치처럼 128
씨앗 한 톨 130

■ 작품 해설 혀의 인식론 _ 맹문재 131

제1부

입속 바다

혓바닥은 저마다 제 잇속을 챙긴다
넉넉하지 않은 섬의 가슴을 열기 위해
부딪혔다 돌아가는 일은 파도의 일상

하고 싶지 않은 일에 침방울을 보태고 난 후
꽉 다문 어금니 사이에는 풍랑이 일고
참고 견디는 일이 많아질수록
입술은 방파제보다 단단해져갔다

입 밖으로 무수히 뛰쳐나가려는 갈매기들이
이따금 행복에 관해 물어올 때마다
나는 썰물 빠진 뻘을 보여주었다

갈무리 없이 찍힌 발자국들은 분노의 방식

저 짠내 터지는 바다에서 살아낼 지느러미는
얼마나 더 견고해야 하는지
이를 갈 듯 날마다 날카로워진다
입속 바다에서 혓바늘이 출렁거리는 오후

싸라기밥

벚꽃이 진다
싸라기처럼

별에서 깨진 부스러기가 유성이 되고
꽃에서 분리된 조각이 꽃잎으로 불릴 때
부서진 꿈은 뭐라고 할까 하다가
싸라기밥이라 부르기로 했다

일 년에 며칠은
갈라지고 깨진 쌀만 모아 밥을 짓던 어머니
입안에서 겉도는 싸라기밥에 물 말면 똑같다고
부어주시던 숭늉 냄새

아무리 애를 써도
부서지지 않으려는 몸부림은 부서진 결과로만
흔적이 되었다
처음부터 노력하지 않았던 것처럼
물웅덩이에 가득한 벚꽃잎들

터지고 갈라진 봄날의 꿈만 간추려 모은다
눈물에 말았을까
볼 위를 건너는 싸라기밥의 발자국
봄바람이 끄덕끄덕 삼키며 지나간다

감압밸브

온수와 냉수 사이 정중앙에서 밸브를 틀면
미지근한 찬물일까?
미지근한 뜨거운 물일까?

새벽과 저물녘의 밤과 낮 사이
빛과 어둠 그 경계의 중앙은 어디일까
반반의 절망과 희망 사이
또는 만남과 이별, 삶과 죽음 사이

내게는 중간이 없었다
낮과 밤의 경계는 고단한 낮 쪽으로 기울고
희망이 아무리 커도 절망이 더 무거웠다

감압밸브를 교체하고 알았다
처음부터 압력은 같지 않았다는 것을

땅과 하늘 사이 바람이 부는 이유도
약한 쪽으로 흔들리고

아무리 긴 만남도 짧은 만남만큼 강렬하진 않았다

극과 극 사이
약한 쪽, 아픈 쪽, 차가운 쪽이 더 가깝다는 걸
수돗물만 틀어봐도 안다

너는 맑음체

나무는 궁서체를 닮았다
줄기와 잎의 획순이 또렷한

한 치의 오차 없이
휘갈겨 쓰고 싶은 오후

또랑또랑 팔랑팔랑한 전화 목소리
습기와 온기의 배합이 숲속 바람 같은

너를 맑음체라 부르기로 했다

계곡물 바위틈에서 놀고 있는
버들치 한 마리
갈피 없이 나에게로 헤엄쳐 오고

나는 부랴부랴 무릎을 준비했다
한 번도 열어본 적 없는 푸른 무릎이었다

초승달

내 몸 안에는 초승달이 떠 있다
어둠이 차오를수록 자꾸 기울고

중심을 잃고 넘어질 때마다
평형수가 흔들리는지
가끔 밖으로 흘러나오기도 한다

달의 주요 성분이 소금이었을까
어둠의 사각지대를 빠져나온 눈물은
더 짠맛이 난다

더러 물기가 덜 마른 소금밭을 밟았는지
이지러진 달은 몸 안에서 기우뚱거리고
그때마다 헛기침이 나온다

미끄러진 초승달이 창백하다

유리 조각

모래밭에서 반짝이는 유리 조각 하나
다치지 않을 만큼 닳아빠진 너를 집어 들고
네가 속했던 세계를 가늠해본다

불투명한 유리 너머
컴컴하고 축축한 시간을 서로 손잡고 버틴
소주병이 보인다
독한 알코올을 내내 품어야 했던

먼저 깨지지 않았다면 익사하고 말았겠지

한 번도 맘껏 뒹굴어보지 못하고
표정 한 번 못 바꾸다가
정통으로 딱 한 번 부딪혔을 뿐인데
와장창!

끝장이라는 건 그런 거다
속 안의 숨겨둔 금들이 한꺼번에 뛰쳐나와

원래의 본모습이 드러나는 것

괜찮다
본래 모래였으니
다만, 모든 표정이 사소해졌을 뿐

밀물의 숲

유(有)가 살아 그 숲에는
자유롭고 여유롭게

숱한 생명을 품어야 한다는 강박은 주지 마
모래알과 뻘을 더 많이 품었거든
푸르고 아름답다는 오해도 하지 마
밤에는 온통 새까맣게 보일걸

파도는 밀려서 파도의 일을 하고
수평선은 결심하지 않아도 수평선으로 남을 때
맹렬함을 버릴 수 있지

열심히, 최선을 다해, 끝까지
이런 독한 말로 길들이려 하지 마
생의 처음과 끝처럼 일상의 중력에서 벗어나면
비로소 자유의 유(由)와 여유의 유(裕)가
유(有)를 낳게 되지

밀물의 숲을 열고 그 문으로 들어가

가만가만 여무는 해조음을 들으며
허공의 뿌리가 체온으로 깊어질 때까지

아무는 동안

바람이 상처를 입었는지
구멍 속으로 들어가 웅크린다
동굴 같은 병 속에서
한참이나 휘잉휑
병 모가지를 비틀면서 울다가

해야 할 일이 생각났는지
주춤주춤 꽁지를 여미며 나온다

어제 같은 내일이 기다리는 곳으로
아니, 지나간 곳을 다시 지나는 봄처럼
한결같은 무심함을 덮는 바람이 되어

난 돌멩이 속으로 들어간다
이끼 손을 잡고 돌멩이가 되어
기척 없이 운다
돌멩이가 말랑해질 때까지

없던 감정이 솟아나고

있던 감정이 변하는 자유를
돌멩이 속에서 알고 난 후
멈칫멈칫 옷깃을 여미며 나온다

몽당나무 방식

굵은 가지 다 잘려 나간
몽당나무 한 그루

몸통 곳곳에서 초록 잎사귀를 낸다
사라진 곁가지의 이력을 버리고
보란 듯이

제멋대로 돋아난 잎사귀의 방식
줄기의 전략이었을까
아니, 나무의 태생일 것이다

집 나가면 개고생이라는 이치를
나무는 태초부터 알아차리고
한 번도 제자리를 떠난 적이 없었다

고개 한 번 숙이지 않고
누구 편도 들지 않으면서
인간보다 더 오래 살 몽당나무

잘리고 나니 그 본성이 돋보인다
꿋꿋하게 보란 듯이

회 한 점

살집만 추려 반듯하게 저민 물고기에게
가시의 행방을 묻는다

거추장스러운 비늘과 내장을 모두 떼어내도
남는 식감과 향기
너는 너의 이름을 버릴 수가 없구나

부피가 없어도 묵직한 햇살 한 점이 걸어와
식탁 위에서 저며진다
얇게 저밀수록 다리가 길어지고
멀리 걸어갈 자세를 갖춘다

꼬리지느러미만 남은 나를 누가 자꾸 저민다
날이 무딘 칼로 자르는지
사라진 꼬리뼈가 아프다

어디로 걸어가야 할지 두리번거린다

속도가 없는 마음은 방향만 남고

방향만 있는 시선은 속도가 없어서
난 한 발짝도 움직일 수가 없다

집을 수거하다

집을 지고 다니는 달팽이
집 안에서 죽고
집 없는 민달팽이 이사하다 죽는다

재활용 잘되는 집을 수거하러
바닷가로 떠난 날
밤바다는 여전히 해안가를 철거 중이고

아직 덜 부서진 집이 어둠 속에 웅크린 밤
폐기물로 쌓여가는 물거품 속에
불가사리는 붉은 딱지처럼 붙어 발파 소리를 듣는다

골격만 남은 조개껍데기, 소라 껍데기
한때는 위풍당당한 한 채였을
어떤 집을 수거할지 망설이는 사이
문득 파도의 건축 기록이 들춰진다

허가와 무허가 사이에 놓인 조수간만의 차

얼마나 많은 가옥을 쳐부수고 새로 짓고 있나

남의 집만 숱하게 지어온 갯벌의 잡부들
집 밖으로 떠나 돌아오지 않은 날
그날도 파도는 여전히 발파 중이었다

낮잠 잔 날

밥보다 잠이 힘이 세다는 걸 알고 난 후
이기는 법은 지면서 배우기로 했다

반평생 넘어가도록
밥의 구속에서 못 벗어나면
악몽이 먼저 알고 찾아오지

누가 저 방문에 목숨을 끼워놓았을까
탓하지 말고
언제든 깊어질 수 있는 꿈을 지녔으니
오늘은 한숨만 먼저 자보기로 하자

잘 차려입은 계절의 손에 이끌려
노글노글한 은어처럼
마지막이자 처음인 듯
오늘만 거슬러가 보기로 하자

갈대

이제는 갈대에 겸손해지기로 했다
속 빈 허우대가 살아남기 위해서
얼마나 많이 흔들려야 했을지

버리거나 지켜야 할 것들을 구분하기 위해
아니, 배우기 위해
꼬투리 속에서 여물어본 것들은 안다

혼자 낱알로 설 수 있을 때까지
껍데기가 다 벗겨지도록
땡볕과 태풍을 견디어도
쭉정이가 태반이라는 걸

제대로 익으려고 웅크린 시간은
화석처럼 오만으로 굳어지고
점점 버거워지는 신념의 무게에 눌리는 동안

갈대는 이미 익숙해진 가벼움으로
훌훌 자신의 영혼마저 날려버리고 있었네

밥벌이

제 몸뚱이보다 큰 먹이를 나르는 개미를 보다가
기우뚱거리는 밥벌이의 모습이 떠올랐지

최선의 불편한 자세는 경건함과 통한다는 것

풀잎이 바람을 비키기 위해
얼마나 몸을 흔들어야 하는지
뿌리는 또 얼마나 비좁은 틈을 노려야 하는지
햇살 한 입, 물 한 모금조차 쉽게 얻어지는 것은 없지

높이 나는 새라고 쉬웠을까?
바람과 각도를 맞추기 위해
불균형, 불평등과 얼마나 겨루고 있는지
발을 헛디딘 물고기들은
놓친 먹이를 만회하기 위해 물살과 얼마나 싸우고 있는지

태양도 밥을 벌기 위해 아침마다 눈 비비고
하루 종일 겨우 잘 익은 토마토 하나 건졌지

그마저도 뭉개진 밥이 얼마나 경건한지
밥알을 넘기다가 가슴을 쳐본 사람은 알지

단단한 하루

저녁이 되면
집을 거꾸로 들어 탈탈 털고 싶다는 생각을 해
뿌리가 있을까?

석양을 보면
비틀어 짜보고 싶다는 생각이 들어
뼈대가 있을까?

어둠은 자기복제를 하는지 계속 늘어나고
머릿속으로 날아온 새들은 둥지를 짓지

무너질 것이 무너지지 않으면
생기지 말아야 할 것들이 드세어져

뿌리는 깊고 **뼈대**는 사라졌지
단단하다는 건 무감각하다는 것과 같아서
지금은 빈틈없이 빼곡한 새들을 재울 시간

개구리와 깨구락지

개구리와 깨구락지의 차이를 아니?
풍요로운 호수 올챙이는 개구리 되고
메마른 연못가에서 부화하면
깨구락지 되는 거지

한여름 밤 소곤소곤 말해도
옆 개구리가 알아들으면 희망이고
악을 쓰고 울어대도
깨구락지들의 합창이라면
절망이라 부르는 거지

생긴 게 같다고 하지 마
팔짝팔짝 제자리서 뛰는 거와
한 번을 뛰어도 풀쩍 넘어가는 차이는
우아와 천박을 가르는 기준이지

기품이 있다는 건 간결하고 투명하다는 거야
깨구락지가 개구리다운 개구리 되겠다고
얼굴에 수염 날 때까지 우는 이유야

문의 내부

문 닫고 나와 보니 거기가 내부였다

책을 덮고 가방을 잠그고 단추를 여미고 지퍼를 올리고 뚜껑을 닫고 불을 끄고 손깍지를 풀고 표정을 감추고 선을 긋고 벽을 쌓고 일을 마치고 계절이 바뀌고 달력을 넘기고 시간을 벗고 눈을 감고

모두 문 닫는 일

문을 닫지 못하는 바다는 밤새 일렁이고
파도는 문틈에서 빠져나오려고
지금까지 아우성이다

제2부

꽃무릇

닫아걸고 싶었을 것이다
저 붉은 문고리는

번잡한 내부에는 초록이 어질어질했다
끝없이 돋아나는 물음표들
분열과 증식을 거듭하는 동안 내내 소란스러웠다
귀를 막은 꽃대는 밖으로 뛰쳐나가고

잎사귀들이 우르르 따라나섰으나
자기들끼리 엉켜 한 발짝도 떼지 못했다
뭉텅뭉텅 일그러지고 갈라지는 사이
꽃은 입술이 바짝바짝 타오르고

가끔 지표면을 두드리며 우는 소리가 들렸다
문단속이 덜 되었는지
초록이 새어 나온다
모른 척 코를 박고 꽃의 입을 막는다

구덩이

어린나무 옆 작은 구덩이 몇 개
튼실한 묘목은 이식한다고 떠가고
채워놓지 않은 구덩이 옆 보잘것없는 나무들

뽑힌 자리로 몸이 비스듬하게 기운다
바깥이 없는 구덩이가 뒤척인다
지키지 않은 약속을 찾아내려는 듯

한 사람만 들어가고 나올 수 있는 자리가
헛간처럼 허물어진다

봄비는 내리고
뒤척이는 구덩이는 질문이 생각나지 않는다
왜라고 물었다가 대답이 없으면
더 큰 구덩이에 갇히기 때문이다

그런 사람 하나 있었다
뽑혀 나간 자리가 덧나서

마음이 자꾸 기울던

어디선가 바람 한 줄기
벚꽃잎 몇 장 데려다 구덩이를 채워준다
봄밤이 묵직해졌다

냉(冷)

여자는 귀가 세 개라는 걸 안 뒤부터
몸의 감정이 새기 시작했다

고요하게만 보였던 구름이 어느 날
세찬 소낙비가 되어 쏟아질 때처럼
낯선 소문은 배경 없이도 증폭되고
어둡고 습한 곳부터 생채기를 냈다

환청과의 경계도 사라졌다
상처에 어울리는 찐득하고 쓸쓸한 냄새는
가장 불안한 지점부터 살얼음이 되었다

귀를 기울이지 않아도 차가운 이명이 쌓이는 날
담아둘 곳도 버릴 곳도 없이 밀려난 감정이
제멋대로 울컥거리고

달팽이관을 거슬러 유빙이 흘렀다
대하(帶下)였다

경광등 추락 사건

하필,
늦가을이 겁 없이 빨라진 저녁
찬바람은 인부들의 일손을 재촉하고
날 서 있던 예초기 칼날도 뭉툭해해졌다

얼크러진 풀덤불 사이에 칼날이 들어갔을 때
드드득 이가 갈리는 잘못된 예감
풀 속에 엎어진 채 방치된 경광등이 추락했다
낭떠러지 밑으로

소리를 지르며 사람들이 뛰어가고
놓친 예초기처럼 널브러져 있던 인부
진짜 경광등이 울리는 차에 실려갔다

보이지 않던 것들이 한눈에 보일 때가 있다
나뭇잎이 모두 떨어졌을 때 드러난 경광등처럼
큰일을 마주하면 나타나는 위험한 신호들

세상이 한눈에 들어왔다

반딧불이

진흙탕 저수지에서
한 번이라도 제대로 반짝여보고 싶었지
얼마나 살지 아무도 알려주지 않았지만

반짝여보려고 반나절 살고
반짝이는 것도 모르다가 반의 반나절 지나가고
가장 반짝이는 짝지 찾으려다 보니
또 반의 반나절

불행은 혼자일 때 다가온다는 것만 알았어도
물가를 혼자 떠돌지는 않았을 거야
불안은 원래 야행성이니까

어둠이 몸집을 불리기 전에
알았어야 했어
가장 반짝이는 별은 두려움이 없다는 걸

걸어 다닐 수 있는 꼿꼿한 별이

누구의 가장 큰 희망이 되는지도 모르고

반지하

사각지대의 전시관이다
집중호우가 들이칠 때만 개방되는

물폭탄 맞은 가재도구 오브제가 뉴스에 걸리고
각종 고지서가 토사로 쌓인 수장고
생계 밑바닥에서 뒹구는 소장품들이
뜯긴 창살과 뒤섞여 있다

희망도 꿈도 할부인 사람들의 미술관
가난에는 가품이 없다
빠져나올 수 없는 생활고로 덧칠되는
드로잉만 있을뿐

올라갈 수 없는 사다리 난간
일가족의 비극이 전시된다

복구되지 못하는 가족사 앞에서
홍보사진이나 찍는 관람객들

그들의 부끄러움은 대피할 줄도 모르는가?

반지하에서 탈출한 죽음 위에
발인이란 낙관을 얹는다

탁란

모든 죽음은 비문이다
남겨진 자들에 의해 정교하게 각색되는 문장
모든 수사를 빼고 나면 거룩한 마침표만 남는다

사계절 내내 그녀는 겨울 나비로 살았다
중력을 벗어나면 은하의 다른 태양계로 흡수될 거라던 그녀
인다라망 같은 손바닥 안에서 탈출하려 할수록
날개조차 몸통에 붙어 거슬린다고 했다

너무 많이 오염된 지구라는 행성의 껍데기
다닥다닥 붙은 생명체들은 정의로울 수가 없다
딸꾹질하는 것처럼 문턱 하나 넘으면 사후세계
그녀는 그 너머로 떠나버렸다

그녀에게 은하의 다른 세계는 좀 낭만적이었을까
뼛속까지 공복이어도 정의로울 수 있는 날개
지금은 달고 있을까

초록 위에 그녀가 낳아놓은 커다란 알 하나

무덤을 매만진다
해독은 아직 끝나지 않았다

죽음의 성수기

빈소마저 부족했던 새봄
부고도 없이 이일장으로 마쳤다는 봄소식에
풀꽃들은 일제히 머리를 풀고
구름은 풍화되어 먼지로 날렸다

코로나에서 오미크론으로 진행된 오랜 투병의 끝
숨이 죽음이란 새 옷으로 갈아입고 떠나는 동안
눈물은 허술해진 틈으로 자꾸 새어나갔다

해빙기 얼음 조각처럼 사라져버린 마지막
허를 찌르고 달아난 몇 개의 전화번호를 지우고
미소가 화석이 된 사진을 채굴한다

원래의 자리로 돌아간 운명을 위하여
산으로 조문 가는 아지랑이 떼
그러나 그리움은 갈 곳이 없다
화장장은 비수기에도 그리움을 받아주지 않는다

시간의 뼈

구겨진 얼굴들이 발인을 기다린다

노동판 땀으로 젖은 휴지들의 곡소리가
결혼은 사치라며 떠난 청년 실업자의 눈물을 분향하고
쓰다 만 이력서 나부랭이들이 염도 못 한 채
종량제 봉투 20리터 수의를 입고 있다

꺾어버린 나무젓가락은 이미 써버린 일회용 기회였을까
햇반 용기에 붙어 말라가는 밥풀때기처럼
희망은 두루마리 휴지와 섞여
아직 사망신고를 끝내지 못했나 보다

미처 개봉하지 못한 꿈이 축문을 읽는 사이
과일 껍질은 상복도 입지 않고
일그러진 시간의 뼈를 분향하고 있다

멀리서 조문하러 달려오는 새벽별들
운구차가 소리 없이 다가온다

죽음의 외주화

복숭아 꽃잎 끄트머리에 바람이 모여 앉았다
나뭇가지는 짐짓 눈을 감아주고
하나 둘 분리되는 꽃잎들의 낙화
그날 밤 크레인 기사가 추락했다는 소식이 들렸다

하청의 하청으로 나뭇가지는 세를 늘렸다
위험한 높이일수록 벌 나비는 열광했다
햇살도 공범이었다
일용직의 빈소에만 아무 바람도 불지 않았다

꽃잎의 생을 훔쳐 간 자리에 맺힌 열매
아무 일 없었다는 것처럼 무럭무럭 자랐다
크레인 기사의 아이들도 자랐다
아버지의 부재와 싸우며 그렁그렁 커갔다

나무는 가지를 더 뻗었다
몸피가 부풀고 해마다 익어가는 다른 복숭아
더러는 솎아내어지고 더러는 추락하면서

복숭아의 생도 누군가 자꾸 훔쳐갔다

아이들은 복숭아밭으로 갔다
외주의 둘레를 죽어서도 벗지 못하는 봉분 앞
하청받은 죽음을 이어가고 있었다

뜬장

첫 장이자 막장인 곳
죄 없이 철창에 갇힌 개가 꼬리를 흔든다
요양원에서 눈 마주친 할아버지의 눈빛으로

한 번 들어가면 죽어야 나온다 했다
버퍼링이 길어지는 몸
밥 넣고 배설물 빼내는 일 말고는
침대 위에서 혼자 일어날 수조차 없다

뜬장에서 내려오는 날이 제삿날이라
쇠사슬 같은 주사 줄을 뺄 수도 없다
할아버지의 혼잣말이 요실금으로 샌다

어느 날 붉은 목젖을 삼킨 바다처럼 고요해졌을 때
삭정이 치워지듯 내려올 저 뜬장은

죽음에 다녀온 후

눈두덩 안
어스름한 바다가 둘러 있는 섬

의식은 순식간에 썰물로 빠져나가고
호흡과 맥박이 가라앉는지
귀가 고요해졌다
잠 속인지 꿈 밖인지 모를 아늑한

꺼짐이나 사라짐이 아니었다
흩어짐이나 끊김, 풀림도 아니었다.

허물을 벗어버린 하얀 매미처럼
사분사분한 무화과 속살처럼 열린
죽음의 안을 다녀온 후

눈꺼풀을 닫아걸고 나오기 싫은 그곳을
그저 뒤뜰이라 부르기로 했다

그루밍

캐나다 설원에 사는 거구의 사슴 무스는
나트륨이 부족하다
하루치 소금을 얻기 위해 언 땅을 헤치고
이끼라도 뜯어 먹어야 한다

우연히 차에 붙은 제설제를 알게 된 무스
차 행렬을 따라다니게 되었다
아이돌에 열광하는 팬이 되어 달려가면
팬 서비스 하듯 멈춰준 차들

혀로 세차하듯 핥아댄다
쉽게 나트륨이 얻어지고 관광객이 늘어갔다
점점 과격해졌다
무스는 차만 보면 돌진했다
나트륨 과잉임에도 거칠게 달려들었다

느닷없는 충돌
끝없는 설원에서 죽음을 나눠 가진다

죽음의 편

칙칙하게 시들어가는 꽃잎
나무는 밑동부터 메마르고 갈라져 삭아가고

사위어가는 노을, 떨어진 깃털, 흰 어둠, 재가 된 별똥별, 굽은 달, 다시 돌아오지 않는 강물 모두 죽음과 편 먹으러 떠났다

한눈팔지 않고 결승선까지
죽음이 마중 나와 기다리는 길

숨이 턱턱 막히는
한 줌 자유와 한 줄기 희망의 배후까지
죽음과 한통속이었다

물 위의 신발

강은 커다란 아가리를 가진 괴물이다
돌멩이 하나라도 던지면
냉혹하게 흔적 없이 삼켜버리는

어깻죽지를 늘어뜨리고 물 위를 걷는 사람들
한 걸음 한 걸음이 낭떠러지다
강물마저 도도해 쉽사리 편입을 결정하지 못한다

날름대는 물결의 혓바닥도
차마 그곳까지 데려다준 신발까지는 못 삼키겠는지
신발만은 벗겨 내어준다

강물 위에 둥둥 뜬 신발

죽음에 완벽하게 소속되었다는 증명서
마지막 파문을 찍는다

혀를 찾는 사람

내게 헤르메스*가 다녀가셨다
몸의 혀만 훔쳐 가셨다
나비처럼 팔랑거리며 노래하던
유년의 혀가 사라졌다
웃음을 퍼 올리던 싱싱한 혀 대신
함구하는 버릇을 들여놓으셨다
이후로 의심은 들었으나 묻지 않았고
분노하는 일도 많았으나 침묵하는 병이 생겼다
목청에서는 혀를 찾아오라 닦달했지만
수다와 말싸움이 사라진 입속이 고요해서 좋았다
빙벽처럼 얼굴이 쩍쩍 갈라지기 시작했을 때
세상의 벽들이 악몽을 낳았을 때
입 닫으니 귀도 막힌 것을 알았다
어디에 숨겨놓았을까 내 혀를
쥐구멍을 찾는 대신 심장을 치기로 한 건
그날 이후다

* 헤르메스 : 그리스 신화에 나오는 올림포스 열두 신 가운데 하나로 길의 신, 목동의 신, 도둑과 상인의 신으로서 죽은 자를 지하 세계로 인도하는 신

꼬리뼈

퇴화되지 않았다
입안에서 끊임없이 진화 중이다
엉덩이마냥 씰룩거리는 양 볼때기 안에서
흔들어대는 붉은 꼬리
얼마나 길고 단단한지
눈감고도 여러 명의 뒤통수를 칠 수 있다

악어나 고래의 꼬리처럼
수중 생활에 적응하기 위해 납작해졌다는 건 오해
위기가 닥치면 방울뱀의 꼬리가 되기도 한다
요란하게 흔들수록 치명의 전파 혹은 전이

지금도 현란하게 증식 중이다
카멜레온처럼 아무 곳이나 꼬리를 떼어놓아도
가장 빠른 복제를 위해 뼈 없이 분화하는
아흔아홉의 저 질긴 혓바닥
가끔 입을 벌리고 안부를 묻는다

제3부

초식성의 말

말은 네 개의 위를 가졌지
참말, 거짓말, 빈말, 헛말을 각각의 방에 넣어놓고
틈날 때마다 곱씹고 되새김질하고 있어
허술한 참말보다 빈틈없는 거짓말에 체해서
소화불량이 되고는 해
뼈와 가시가 없는 빈말은
덩어리째 삼켜도 금방 허기가 지지
말의 본능은 질주라 늘 혀의 속도를 못 따라가
가속도를 이기려면 꼭꼭 씹는 수밖에
헛소리는 쉿!
그건 육식이야

혀의, 혀에 의한

시작이다

어디로 가야 할지 아는 첫걸음이다

혀의 물관은 부풀어 오르고 뿌리는 심장 쪽으로 뻗는다

작은 잎사귀 하나로 너를 두드리고

너를 흔들고

너에게 닿기 위해 가지를 낸다

송곳처럼 네게 향하며

때로는 화살처럼 너를 겨눈다

네게 가는 발걸음은 가볍고 보폭은 길다

허공을 딛고 가뿐하게 길을 만든다

입을 떼는 순간 무성한 숲에서 건져 올린

그러니까 그 한여름 초록의 그 울울창창한 숲이 터뜨린

외마디 비명 하나

위로와 이해와 격려와 응원이 뜨겁게 뭉친 첫마디

혀와 혀에 의한

혼잣말처럼 호수 속에 가라앉고 마는 돌멩이가 될지라도
던진다
사라지더라도 사라지고 말더라도
호수 전체를 흔든 적 있지 않았냐고
호수는 그래서 늘 반짝였다고

파문이 인다
햇살이 태어나고 언어의 그림자가 내게 걸어온다

혀의 랩소디

잘게 토막 쳐낸 산낙지 다리
그 꿈틀거리는 해풍을 입안에 밀어 넣으면
쩍쩍 들러붙는 즉흥 환상곡의 풍랑주의보

해구를 건너고 해저산맥 넘어
생의 가파른 물살 헤쳐 왔을 낙지의 빨판
잘근잘근 씹혀도 끝까지 함락되지 않겠다는
저 팽팽한 오기의 힘줄

네게 설득당할 때 내 눈빛이 그랬고
내가 이해를 구할 때 네 혀가 그랬었다

갯벌을 뒤집고 그물을 휘어잡으며
쓰나미도 견뎌냈을 것이다
저 모진 흡착력은

질식사로 돌진하겠다는 미친 사랑아!

혀의 부호

소리가 사라졌을 때
혀가 두드리는 암담한 부호
꿈속에서 때때로 긴급 신호를 보낸다
해독할 수 없다고 돌아온 통증의 흔적
사랑을 지운 아침의 섬광은 더 절망적이다
이별의 스위치는 언제나 On
닫아버린 미래로 보낸 구조 요청 신호가
시간을 거꾸로 돌리고 있다
손짓과 눈짓만으로 통하던 사랑을
말로 설명하기 시작했을 때
거기에 변명의 함량이 점점 늘어나기 시작했을 때
불면은 이미 치사량을 넘어선다
그때 사랑이 죽고 절망이 태어나
사생아처럼 키우는 지금에도
여전히 난 사랑을 타전하는 중이다

바닥

마루에 난 흠집을 다듬다가
바닥으로 불리는 쓸쓸한 표지를 읽는다

낡은 첫 장을 넘기면 결이 살아 있는 민낯의 얼굴
몇 년 동안 바꾸지 않았던 표정이 있다
반쯤은 삭고 반쯤은 아직 쓸 만한 물음표의 얼굴
그 아래 단단한 이력이 계단을 이루고 있다

이력은 중심부터 밖으로 두터워지는 걸까
밑바닥부터 차근차근 쌓아 올려지는 걸까
생각하다가
생각이 넘쳐서
침이 고인다

바닥은 위로 뒤집혀도 바닥이다
손바닥을 뒤집어도 바닥인 것처럼
혓바닥을 아래로 뒤집을 수 없는 것처럼

태생부터 위쪽이 바닥인 것들은 슬프다

허기가 고이고 눈물이 찬다

흐르는 것들은 바닥으로 내려가 이력이 되고

주석처럼 남긴 발자국

딛고 선 모든 곳이 바닥이었다

내성 발톱

발톱이 안으로 향한다
꽉 조인 통증의 둘레에
작아지는 신발을 탓하는 오후
부어오르는 구름만큼 젖은 지붕은
바닥의 물이 얼마나 고였는지 알지 못한다
깨진 덮개의 모서리가 내부를 허물고 스며들었을 때
진물이 나고 있음을 알았다
살을 파고 나를 겨누는 발톱
곪아서야 제대로 병명이 보인다
얼마나 외부의 마찰에 이골이 났는지
삐딱하게 안쪽으로 구부러져 자란다
점점 파고들며 내성이 되어버린 징후
내 입안에도 그런 발톱이 하나 있다
타인의 내부를 파고드는 혓바닥
아파도 뽑아버릴 수 없는

시궁쥐에게

시궁창 속에서 기어 나왔으면 쥐새끼
어디서 깃발을 쳐드나?
손으로 하늘을 가릴 수 있다 믿겠지
손바닥 비비며 살아온 놈은
손바닥이 전부니까

시궁과 거리 둔다고
역한 냄새까지 버릴 수 있겠나?
헐뜯고 비난하던 이빨이
상냥하게 갉아댄다고 안 자라겠나?

다시 돌아가라
물고기가 물 밖으로 나왔다고 허파까지는 안 생긴다

너 살던 곳으로 가서 너 살던 대로 살아라
엄한 독수리 만나
더러운 심장 터지는 꼴까지는 보이지 말라
조무래기 시궁쥐야!

말린 꼴뚜기

고것들을 자세히 보니 아, 글쎄
눈도 있고 입도 있네요
지느러미도 없는 것들이 짠내는 홍어급이에요

더 자세히 보니 다리까지 꼬고 있는 게
예의도 없네
뜻도 모르는 바다의 말을 옮기느라
주둥아리 늘어진 거 좀 봐

한 줌도 안 되는 것들을 달달 볶고 싶어져요
그 고소하고 짭조름한 맛은
타고난 내력의 불안 때문일까요?
볶을수록 친절해져요
가여운 댓글알바 꼴뚜기들
눈물이 나와야 하는데 웃음이 흘러요

아무리 찌끄려봐라
그런다고 바다가 기울어지나

꿀통 배추

속이 탄다, 속이 타!
속들이 다 물러터졌어.

사람 속이나 배춧속이나
힘에 부치면
제 속에 커다란 구덩이 혼자 파놓고
그 속에서 우는 거지
속대부터 물러터져 썩은 꿀통 배추

불볕더위와 장마에도 필사적으로 단단하게
속을 채워 나가더니
들어올 게 안 들어오고 나갈 게 못 나가면
감정이 되고
부피가 되고
심지마저 피고름 되어 고이는 거지

빚에 허덕이는 청년들처럼
배춧값이 치솟아도 갈아엎는 농부들처럼
내부부터 곪아 터진 꿀통 배추

욕지거리

혓바닥의 개정판이 출시되었다
오탈자만 모아둔 절망의 창고에서
짜릿하고 파닥파닥한 어구들이 튀어나온다

느닷없이 끼어든 오만불손에게는
개의 새끼들을 서너 마리 풀고
추월하고 과속하는 안하무인
그 대대손손 아랫주머니의 씨에
팔과 발을 네댓 개쯤 붙여준다

완전한 문장보다 더 찬란한 은유다
팔리지도 않는 초판의 진지함은 개나 줘라
비속어도 잘만 발효되면
행간 사이 서평도 남기는 신조어가 된다

혀에 관한 직설

본적은 근육이나 소속은 뼈다
먹고 마시는 일로 안녕을 세우는 척추고
소리의 골수가 흐르는 언어의 통로다

작지만 운명을 끌고 가는 밧줄이며
생의 첫 올가미다

이따금 갈등의 씨앗이 되는 살덩이
남의 집에서 집들이를 하기도 하고
쑥대밭에 홀로 남은 신발이 되기도 한다

양 갈래의 뿌리를 가진 혀가
가슴보다 머리 쪽으로 더 자랄 때
혀는 칼날이 되어 자신부터 벤다

피 냄새에 몰려드는 괴물들
그들에게 피를 뿌려주지 않으려면
입김으로 따뜻하게 데운 후에 꺼내야 한다
몇 번이고 되새김질하는 소처럼

혀의 지문

책장 넘기기도 버거운 계절
손가락에 침을 묻히려다 말고 혓바닥의 지문을 생각한다
숱한 말을 섞고 밥을 비빈 뿌리
어쩌면 몸 밖으로 뛰쳐나가려는 줄기였을까

다소곳하게 꽃처럼 피어나길 바랐다
미풍에도 나대는 나뭇잎은 곧잘 뒤집어졌다
위아래 없이 뒤집히는 바닥은
폭우처럼 한꺼번에 말의 파편을 쏟아내고
혀가 혓바닥이 되는 순간 바늘이 돋는다

말을 헛디딘 자리마다 박힌 옹이들
제 몸 안에 바늘을 가두고 날마다 찔린다

쓴 입맛을 다시고 있을 때
모래가 들어간 눈동자를 혀로 쓸어주듯
바람의 긴 혓바닥이 핥으며 지나간다
삭힌 음성이 촉촉하다

혀를 차다

치어 한 마리 키운다
혀 밑 어항에서 고래의 꿈을 꾸는 치어
할 말이 있을 때마다 지느러미로 툭툭 친다
주로 먹이를 달라거나 잠자리를 갈아달라거나
혀는 대신 물고기의 말을 전한다
점점 요구가 늘어났다
헤엄치지 않을 자유를 달라고 했다
혀는 아무 말도 하지 못했다
다만 입속에 부레처럼 떠 있을 뿐
다 자랐으니 이제 물고기에게 떠나달라고 했다
강물에 놓아주겠다고 했다
물고기는 떠날 수 없다고 했다
태어나고 자라게 했으니 혀에게 나가달라 한다
혀를 찼다
심장이 아팠다

길

밥상 위 밥알 몇 개
행주가 지나간 길을 따라 으깨진다

밥이 뭉개진 그 길을 눈동자가 따라가고
손이 따라가고
허리를 구부려 배웅한다

한 치 앞
따스한 밥을 입으로 퍼 담는 순간보다
몇 알 흘리고 난 뒤에 보이는 길

서 있는 길이 은하수였다
보이지 않아도 별은 언제나
별의 길을 가고 있었다

동지 낮달

아침에 잠 깬 새끼 고양이
빙벽에서 떨어지는 꿈 꾸었나

부서진 얼음 한 조각 입에 물고
하늘로 뛰어올랐다

구부러진 등허리
고슬고슬한 털이 희멀겋게 곤두서 있네

혓바닥에 붙어버린 얼음
떼어내지도 못하고

콘크리트 물고기

도심 한가운데로 이주한 폐어* 떼
아가미를 닫아버리고 폐를 열었다
승강기 통로를 기도로 확보하고
비늘은 창문에 다닥다닥 붙였다

빌딩은 폐어다
늪과 뻘의 본적은 버린 지 오래
원시의 부레는 진화의 목록에서 생략되었다

추운 겨울 어느 날
39층의 폐어 한 마리가 허물어졌다
아직 산란하지 못한 여섯 명의 꿈이 매몰되고
혈통부터 족보까지 도미노로 무너지는 아수라장
철근이 가시처럼 드러난 뼈대에는
남은 살점조차 다 허구였다

지상과 하늘을 이어 물길로 향하고자 하는 꿈은
콘크리트 더미 속으로 봉인되고

폐어가 폐허가 되는 다문 입
비뚤어져도 말은 바로 하라고 다그치고 있다

* 폐어 : 다수가 멸종한 종류로 폐로 숨을 쉬며 공기호흡을 하는 원시 물고기.

감 씨앗

단감을 자르다 두 동강이 난 씨의 단면에
하얀 혓바닥
혀부터 자랐던 것인가 태아는

단단한 겉껍질을 가르고 돋아날
저 부드러운 혀의 식탐이 보인다

나오자마자 흙을 빨고 핥으며
뿌리 내릴 자리를 살필 것이다
순하게 눈망울을 맞추며 젖을 빨아들이는 아기처럼
식탐만으로도 어미의 품을 다 차지할 것이다

말도 배울 것이다 저 혀로
햇살의 말을 듣고 바람의 말을 가로채며
나붓나붓 옹알이하는 잎사귀가 될 것이다

어느 날 빽빽하게 자란 잎들이
한 점 여백 없는 그늘이 될 때

그 혀 아래로 사람들이 모이리라

가지마다 단감을 주렁주렁 달고서
흙과 햇살과 바람의 이야기를 전해주리라
아, 탯줄 같은 저 혓바닥

입아귀

굴레를 벗어날 수 없어서
오늘은 단식과 침묵으로 시위를 했지
생각마저 배가 고파져서
캄캄한 식도의 흡입력에 지고 말더라
이성과 감정이 얼마나 말랑하고 연약한지
씹지 않고도 삼켜버리는 입아귀의 힘
혓바닥과 식도가 한통속인 걸 알겠더라구
슬그머니 나를 내려놓고 싶었어
고분고분 누구도 가리지 않아야 한다면
생에 대한 물음 같은 건 이미 버렸을 거야
손발 바쁘게 외곽을 살찌우고 나면
그만큼 생의 범위가 넓어질까 생각도 했어
그래도 난 여전히 편식 중이지
아사는 못 해도 체하지는 말아야지
안 그래?

제4부

대천 바다의 노을

해수면을 수술 중이다
태양의 혀를 이식하고 있다

해 질 녘을 집도하는 갈매기들
우왕좌왕 분주하다

마침내
피로 물든 수평선이 입을 연다

절대 빌리지 말라
남의 혓바닥은

매운맛

반평생을 살아냈을 무렵
매운맛에 겸허해지기로 했다
환각이나 통점 같은 어려운 말은 안 하기로

모호한 맛을 매운맛으로 퉁치면
감각을 중화하는 데 얼마나 많은 물을 들이켜야 할지
열 받은 날은 충혈된 혀부터 헹구기로

모든 맛은 회복으로 통하지 않던가
달고 짜고 시고 쓴 일상이 함축된
경건한 미각을 위하여
오늘은 아프게 안 하기로

하루하루 망가지는 말의 조리법 대신
심심하게 낡아가는 비법으로 바꾸어
표정부터 온화해지기로

혀 지도에 없는 감칠맛이 일상이 되게

더 순하고 한참 더 깊은 말로
나붓나붓 헤아리기로

케이블카

결가부좌를 하고 앉아 있는 산에
금이 가기 시작했다
산의 무릎을 깎고 어깨를 뚫어 연결한
케이블카

저 거대한 신발은 한 걸음도 내딛지 못한다
신발 끄는 소리가 뒤통수에 울리고
그때마다 조금씩 부서진다

몸이 무너지니 마음이 스러지고
마음을 버리니 몸이 망가진다

발꿈치 뒤로 쌓이는 아우성
산사태다
쏟아지는 발자국의 뼈들

이제 산만 옮기면 된다

벚꽃잎

차 유리창에 벚꽃잎 몇 장 붙어 있다

봄과 눈이 마주친다
흔적을 모두 지우고 떠날 채비를 하다 흠칫
멋쩍게 돌아본다

떠밀지 않아도 갈 것이다
희미함 쪽으로 방향을 잡던 봄이
주춤주춤 서성인다

망설이다가 돌아보다가
반쯤은 서먹해졌을 때 달아날 것이다

바라보는 시간만큼 더 멀어지라고
더 흐릿해지라고
가야 할 곳으로 돌아가는 너를
오래 바라보기만 하는

무애(無碍)

작은 입속에 갇혀서도
거침없는 혓바닥

씹히지 않고
물리지도 않고

할 말 다 하는
저 완벽한 자세

너에게 찔린 이후
침묵하는 자유를 배웠다

붉은 삽

입안에도 둥근 하늘이 있고
들판처럼 하얀 봉우리가 있고
쉴 새 없이 침이 솟아
호수를 이룬다

말의 씨앗이 자라고
맛의 알곡이 영글도록
혀라는 붉은 삽
한 삽 한 삽
우직한 신화를 뜨고 있다

보푸라기

외투를 뛰쳐나온 흔적
소맷부리에 보풀로 뭉쳐 있다
마찰을 못 견딘 털의 본능이었을까
원래는 동물이었던

꼬리를 치켜들고 달리고 싶었을 것이다
푸른 초원 어쩌면 황량한 모래사막일지라도

몸에 오래 배어 있던 원시의 본능을 건드린 건 작은 손톱
옷감은 지금 날실과 씨실 속에 숨겨둔 이빨을 드러내는 중이다
방어하기 위해 집단으로 뭉치는 야수들의 습성
털들이 일제히 발돋움한다

마른 땅을 움켜쥐고 솟구치는 회오리처럼

말 무덤

떠도는 말이 꽉 찬 카페에서
말을 더듬는다
누구는 말을 흘리고
또 누군가는 말을 채가기도 한다
말의 심지를 기둥으로 세우거나 쌓거나
남의 말은 하수구로 흘려버리기도 한다
아귀가 맞지 않는 말이 엎어지거나
모양이 자꾸 바뀌는 말을 잘라내도
튀밥처럼 튀어나오는 끝이 없는 말, 말. 말!
말을 섞으려다 실패하고
말을 뒤집으려다
그 말에 걸려 넘어지기도 하면서
말이 무덤을 만든다
주워 담을 수 없는 말
말의 뼈가 가득한 곳에서
미래를 닮은 오늘은 순장되고 만다

외롭다는 건

바람 한 점 없는데
툭 떨어진 동백꽃처럼
혼자 시들어가는 거야

외롭다는 건

어디로 들어왔는지 모를
파리 한 마리조차
쉽게 내쫓지 못하는 거야

목수국 꽃길

여자 나이 쉰이 넘으면
그 웃음에서는 소금꽃이 피어나지
짠내로 가득한

평생 소금밭에서 허리가 휘어간 여자는
머리카락부터 하얗게 피었는데

여름이 무르익으면
제일 예쁜 길이 나타나

소금밭처럼 빛나는 꽃길
너에게로 향하는

좋아하는 낱말

좋아하는 낱말 열 개씩 말하기 놀이를 했다
바다, 하늘, 별, 봄, 가족, 엄마… 엄마…
말끝과 눈 끝이 흐려지던 친구

입 밖으로 처음 말을 뱉은 아가처럼
엄마라는 말은 듣는 사람이 더 무거워진다
그녀의 엄마도 아닌데
한참 끙끙거리며 엄마처럼 다독이다가

내가 좋아하는 열 개의 낱말
꽃, 별, 달, 물, 봄, 나무… 엄마, 아빠…

멀찍이 덮어놓아도 다시 걸어오는 말
깊이 묻어놓아도 다시 일어서는 말
나의 훨씬 이전부터 나를 있게 한 말
엄.마.

투구게의 혈족

산맥처럼 엎드린 아버지
아버지는 논바닥이셨지
허리춤에서 쏟아지는 뙤약볕으로
자식들을 먹이고
등허리에서 꺼낸 척추뼈로
자식들을 지키셨지

바람도 아버지 등은 밟지 못하지
그 등에 업힐 수 있는 건
네 명의 자식들밖에 없지
날마다 뽑아낸 신록의 피를 수혈하며
세상의 공격에 방어할 면역을 키워주셨지

지금도 팔순의 아버지는 투구게처럼 푸른
새벽의 피를 돌게 하시지
모세혈관 같은 논둑길 위에서
자식들에게 새 아침을 이식하는 중이지

팔짱의 시간

저수지를 막은 뚝방길 위에서
사랑하는 법을 배웠지
두 팔로 나를 두르고
넘치고 터질까 봐 감싸안은 긴 둑길처럼

산이 흘러내릴까 봐 온몸을 두른 숲을 봐
화가 날수록 짙어지는 푸른 팔뚝 안에서
숨 고르며 산맥을 짚고 있잖아

하늘이 구름을 모으는 이유도
속 좁아지는 얼굴을 소매로 가리기 위해서지
가다듬고 다스린 다음
한꺼번에 쏟아내면 다시 말짱해지는 걸 아니까

심장이 부글거릴 때
마음마저 어긋나고 얼크러져 이글거릴 때
두 팔을 마주 얹고 가만히 웅크리는 거야

깊은 어둠까지의 거리를 가늠해야지

문턱도 방을 안고 보듬어주려고
멈추어 귀 기울이는
지금은 나에게 팔짱을 걸어야 할 시간

오징어튀김

거친 바다를 붙잡고 쥐락펴락했을 오징어 한 마리
물살이 빠져나간 빨판에서
먹물 밴 풍랑이 기울어 쏟아진다

본능대로 살아온 거냐
해저의 느물느물한 목소리에
튀김옷을 입혀 들여보낸 기름 솥 안
비틀리고 뒤틀리며
뜨거운 솥을 다시 휘어잡는 오징어 다리들

아무리 짜고 뜨겁다고 체념할까
다시 바다로 갈 수 없어도
이미 가진 바다를 양껏 보여주며 사라지는 거지

칙칙하고 눅눅한 껍데기를 버리고
바삭바삭 쫄깃한 파도로 갈아입고 나와
먹물보다 짠 간장을 다시 품어보는 거지

빨판을 빼앗겼다면

앗은 자의 입을 빨판으로 만들면서
뱃속 두둑하게 빨려 들어가 보는 거지
오징어는 오징어니까

땅꺼짐

울음에 가둬 기르던 파랑새 한 마리
추락한 지점이 움푹 패었다
멀리서 보면 달 표면의 자잘한 구덩이쯤
가까이 보면 거대 싱크홀이었다

순식간에 꺼져버린 지반이 파랑새를 삼키고
아무렇지 않은 듯 소음으로 출렁인다

구경 나온 숱한 사람들 모두 꿈을 품었는지
꺼내놓는 사연마다 갈라지고 깨지고
두꺼운 미래가 순식간에 찢어진다

수습해야 하는 건
평생의 평온과 안정일 것이다
가장 약한 눈물부터 제일 강한 희망까지
단 한 번의 삐끗 어긋남으로 곤두박질치고

그러나, 우는 연습만 했던 파랑새

날개가 꺾였다고 바닥은 아니다
더 부서질 것 없는 지하 절벽에서
지금은 빠져나오려 아프게 우는 중

밀물

커피를 볶지 저 밀물은
뜨겁게 데운 해변에서 톡톡 튀는 모래알을 봐
네 머릿속 숲처럼 빽빽해서
바람이 들어갈 수 없잖아

생각 좀 그만해
갈매기가 자꾸 짖어대 개처럼
생각을 조금만 더 하면 물어버리겠다고 으르렁대고 있어
머릿속이 온통 갈매기 밭이야

커피 알 타는 냄새 좀 잡아 와
불 조절에 실패한 태양은 그늘까지 따라다니고
밀물 속으로 숨은 아이들을 잡으러
어른들은 불안한 술래가 돼

뒤꿈치로 커피를 갈아 내리는 동안
녹아내리던 얼음은 눈을 뜨고
갈매기는 서쪽으로 날아가지

저녁놀의 맨발에 가득 묻은 밀물을
가장 먼저 털어주러 떠나고 없는

제5부

매듭의 말

꼬이지 않게
아니, 서로 잘 꼬여 있는 등나무처럼

화사한 꽃등 매듭을 풀려고
벌 나비 부지런하게 드나드는 봄밤
봄바람은 꽃등 속에 발이 묶이고

"우리 여기까지만 하자."

그 말 매듭은
같이한 시간을 묶을 수 있는 최선의 끝점
아니, 새롭게 풀어낼 수 있는 최적의 시작점

꽃등 하나 달려고 꼬아온 높이에서
매듭을 지어야 할지
매듭을 풀어야 할지

그네 타기

불안이 찾아왔다
어두운 밤 그네를 타는 것처럼

다리를 힘껏 구부릴수록 더 높이 더 빠르게
앞서거니 뒤서거니
찬바람과 함께 덜컹거린다

난 뒤를 볼 수 없어요
앞으로 오세요
비겁하게 뒷걸음질하게 하지 말고

독으로 독을 뽑아내고
악은 더 강한 악이 대신 갚아주는데
뒤통수만 노리는 불안과의 거리를 짐작할 수 없다

높이 올라갈수록 더 세게 등을 떠민다
욕망은 불안의 손을 놓지 못한다

그네에서 내려오지 못하고
발만 동동 구르다 떠날 것이다

파도

ㅊㅊㅊㅅㅊ……ㅅㅆ

ㅆㅌㅋㅆㅅ…ㅊ

어디서부터 휘돌아온 닿소리들이 부딪히는지
방파제를 넘으려는 바다의 목소리
한마디도 안착하지 못하고 다시 되돌아간다

오다가 넘어진 옹알이가 만들어가는 해안선
마음보다 앞질러 닿은 말은 이미 물거품이 되었고
마음에도 없는 말은 뻘로 남아
발목을 붙잡는다

지금도 엎어지며 끝없이 달려오는 파도

너의 말을 들으려고
나는 여전히 귀가 전부인 섬이 되어가고 있다

개미핥기

이빨이 없어서 슬픈 동물
개미를 먹으려면
돌가루와 툇검불까지 같이 삼켜야 한다
끈적한 침에 뒤엉킨 부록의 부스러기들

그 옛날의 배고팠던 할머니
남의 집 숭늉 그릇 밑에 가라앉은 밥풀때기 몇 알
그걸 드시기 위해
통째로 한 바가지 숭늉을 들이켰단다

가진 게 주린 배와 목구멍뿐이라
들끓는 공복을 밥이라 여기고 사셨단다
평생 밭고랑에 앉아 이빨 다 빠질 때까지

가끔 꿈속에서 개미핥기가 혀를 내두른다
시커먼 모래가 잔뜩 붙은 고깃덩이
씹지도 못할 욕심을 떠나지 못하는

혀로 새긴 금석문자

엄마가 산 밭에 앉아 호미질을 하시네
서리태 콩밭 긴 늑골 위에 다그락다그락 닥닥
철필 호미가 조각하는 초록의 금속 활자들
잡문과 비문은 파헤쳐 밭고랑에 버리고
잘 보이는 두둑에만 남긴 자음과 모음
그 시퍼런 의미의 낯선 조합들

엄마는 호미날 깊숙이 나를 다듬으시네
웅크려 쓰다듬으며 북돋울 때마다
땀 줄기가 내 삶의 밑줄을 긋네
정체불명의 은유를 솎아낸 문장으로
행과 행 사이를 훑어내리셨네

피하지 못하고 어김없이 수정되는 생의 뿌리
이제 흙의 뼈다귀들이 수태할 일만 남았네
산그림자는 갑골처럼 흘러내리고

따스한 혀

한겨울 잘 마른 짚을 작두에 썰 때
동강동강 잘리던 풀냄새

부드럽게 숙성된 건초 내부에
쌀겨와 벌레 먹은 콩이 들어가 삶아지면
돌아온 저녁 냄새에 가마솥 눈물이 흐르고

한 김 식힌 소여물 퍼담는 소리
강아지가 폴폴 뛰어오르는 소리
닭들이 외양간으로 뛰어가 어정거리는 소리
모두 섞어 푸짐하게 나누던 소의 식사

여물을 감아올리던 소가 내게로 향했을 때
그 축축하고 따스한 혓바닥 인사
싫다고 뒷걸음치는 손등을 한 번 쓱 훑고는
고개 수그려 박고 귀를 쫑긋거리던

어려운 일 있을 때 달려와 잡아주는 손
말 없는 인사가 더 따스해서 눈물이 나던

옷걸이

옷을 꼭 붙들고 있는 수평의 어깨
그 위 갈고리는 옷걸이의 입이다
물고기를 꿴 낚싯바늘처럼
옷장 깊숙이 줄줄이 걸려 있다

옷을 놓칠까 봐 풀지 않는 신생의 자세
저리 단단한 입이라면 믿어도 되겠다
낡은 옷이든 구겨진 옷이든

너에게 걸려들어
너의 세계 안으로 들어가
네게 다 걸어놓고
네게 다 털어놓고

식물의 견해

빛이 들어오는 쪽으로
허리를 굽히는 성질이
굴광성(屈光性)이라고?

아니지, 아니야!
식물은 식물 입장에서 봐야지
오로지 한 길, 빛만 바라보는
향일성(向日性)을 지녔다고 해야지

화분의 고개를 내 쪽으로 아무리 돌려놓아도
결국 가야 할 곳으로
서서히 멀어지는 꽃

난 아무도 붙잡지 않기로 했어
네 쪽에서 본다면 집착일 거야
내 쪽으로의 향일성인 그를 위하여
난 여전히 내 자리를 지키고 있을 테니까

사탕발림

곤두박질친 목소리를 들어본다
무거울수록 멀리 가지 못한 메시지
뒹굴다 보면 낮은 곳으로 처박힌다

도랑에 빠진 적 있다
빠져나오려 애쓸수록 발목을 잡던

두리뭉실한 의미를 제멋대로 해석하며
하늘을 옮기고 길을 낸 곳에
변곡점이 생긴다

결국 미로가 되어
끝없이 도돌이표로 남는 잔소리

또 속을 뻔했다
눈금 없는 자로 재는 진정성은
끈적끈적해서 씻어낼 수도 없다

어떤 돌멩이

너를 구하려고, 구해보겠다고
심장에 찔러 넣었지
아무렇게나 굴러다니는 돌멩이

너에게도 숨은 발톱이 있다는 건
할큄을 당하고야 알았지
데구르콱콱 아프게 구르는 소리
밤새 들으며 할 수 있는 일이란 기껏
가슴을 쾅쾅 쳐대는 일

꺼내버려야 하는데 빠지지 않는다
내 심장을 굴리는 법을 터득하더니
어느새 밤새 나를 굴리고 있었다

바윗돌이 되는 줄도 모르고 구르더니
어느새 산 하나를 안고 있었다

나는 또 누구의 가슴팍을 아프게 할퀴게 될지
점점 높아지는 능선은 나를 가두고

게으른 사랑

어떤 사랑은 게으르게 주춤거리며 오기도 하지
잡아당길수록 주저앉는 송아지처럼
겁에 질린 말간 눈동자로

파릇한 풀포기를 딛고 선 봄바람이 떠밀어도
한 걸음도 못 떼고 버티는 사랑이 있지

팽팽하게 당기던 목줄을 놓고
고삐를 풀어주면
꾸물꾸물 근처에서 어정거리는

때때로 분별없이 경중거리는 뒷발질에
혼자 차이고 쓰려 하면서도
드러내놓고 아파하지도 못하는 사랑 하나 있지

미적대는 어느 순간 확 끌어당겼을 때
방파제를 넘어버린 어떤 밤처럼
사랑은 머뭇거림과 게으름 사이를 출렁대며 오는 거지

선유도

가는 길이 더 아름다운 섬이 있다

안개비가 내려
하늘과 바다가 한 몸이 되었을 때
잠시 허공에 뜬 한 갈래의 길

보지 않아도 본 것 같은 너의 몸처럼
하지 않아도 한 것 같은 몸의 유희처럼

손을 포개고
서로의 마음을 넌지시 엮어보았을 때
한눈에 드러난 거대한 바위산

선유도에 가면
고백이 없어도 고백한 것 같은
낯이 벌건 얼굴을 만날 수 있다

눈송이의 부력

고층의 눈송이는 쉽게 내려가지 않는다
더 위로 솟구치거나 춤춘다

종횡무진인 눈송이는 알 것이다
적당하게 받쳐주는 힘이 있을 때
안전한 착지점을 찾아야 한다는 것을
언제쯤 내리꽂히듯 추락할지
부력의 무게를 다룰 줄 아는 것이다

까마득한 허공을 지나온 눈
아무리 가벼워도 쌓이면
철판이 휘고 하우스가 무너진다

아래에서 올려다보면 모두 내려오는 중

하강을 꽃으로 바꾼 계급은
새 생명을 얻는다
구름이었던 경험을 내려놓고

눈꽃으로 설원의 일원이 되는 것이다
이제 부력이 되는 것이다

때를 버리고 순해진 까치처럼

요란하고 번잡스러운 젊음이었을 거야
때까치는
꼬리를 좌우로 흔들며
무엇 하나 양보하기 싫었겠지

날카로운 부리에 찍힌 이도 많았을 거야
찢어발겨놓은 심장도 숱했겠지
포획당한 자존감을 포획한 승리감으로 포장해
상처 위에 훈장처럼 걸어두기도 했을 거야

빈틈없이 사냥하고 사납게 울었을 거야
맹금류의 먹잇감으로 남지 않으려고
기를 쓰고 이기려 했을 거야

이제는 가을 숲으로 날아든 그대
너와는 평안을 나누고 싶었어
후미진 골짜기에서 고요의 맥을 짚으며
가끔 서로의 밤하늘이 되어

별을 찾아주기도 하면서

대충대충 무난하고 적당하게 느슨해져서
때를 버리고 순해진 때까치처럼
독했던 때를 잊은 까치처럼

씨앗 한 톨

문으로 들어온 아이가 검은 씨앗 하나 내민다
뭐냐고 묻기도 전에 활짝 웃는 아이
심을 곳이 없다고 말하려다
아이의 선물에 링크를 걸어주고 싶어졌다

모든 게 처음인 아이의 첫 선물
여물기 위해 건너가는 오롯한 흔적이 보인다
울퉁불퉁한 산맥이 깊은 강물과 이어진 씨앗 한 톨
너는 어디서 왔니?

아이와 공유하는 씨앗의 연락처를 화분에 남긴다
새로 전입한 거주지에서 발아할 새싹은
새겨진 유전자대로 햇볕을 클릭하고
여러 개의 창을 통해 물과 바람을 검색할 것이다

아이는 안도하며 뒷모습을 보여주고
생략된 인사말은 화분을 통해 구독된다
좋아요.

| 작품 해설 |

혀의 인식론

맹문재

1.

 박미영 시인은 혀(tongue)를 중심 제재로 삼고 혀가 만드는 말의 의미를 탐구한다. 혀는 음식을 씹는 기능을 돕거나 맛을 느끼게 할 뿐만 아니라 입안에서 소리와 말을 만드는 역할을 한다. 시인은 한국 시문학사에서 보지 못한 이러한 면을 집중적으로 노래해 현대시의 영역을 확장하는 데 기여하고 있다.
 시인의 혀에 대한 인식은 유사성을 토대로 선택 관계를 형성한다. 가령 시인의 작품들에서 혀는 운명의 밧줄이 되고, 갈등의 씨앗이 된다. 홀로 남은 신발이 되고, 자신부터 베는 칼날이 되고, 방울뱀의 꼬리가 된다. 초식성의 말이 되고, 몸 밖으로 뛰쳐나가는 줄기가 되고, 팽팽한 오기의 힘줄이 된다. 암담한 부호가 되고, 말을 배우는 감 씨가 되고. 신화를 뜨는 붉은 삽이 된다. 질식사로 돌진하겠다는 미친 사랑이 되기도 한다.

　시인의 혀에 대한 인식은 인접성을 토대로 결합 관계도 형성한다. 가령 혀와 근육, 혀와 뼈, 혀와 척추, 혀와 살덩이, 혀와 뿌리, 혀와 입안, 혀와 목청, 혀와 혓바닥 등으로 혀의 정체성을 보다 확립한다.

　시인이 혀의 선택 관계로 은유를 형성하고, 결합 관계로 환유를 형성하는 것은 그의 욕망을 부단하게 추구하는 모습이다. 근원적이고 본질적인 욕망을 통해 자아를 확립하고 세계 인식을 심화하는 것이다. 물론 언어를 활용해 욕망을 이루는 데는 한계가 있다. 언어는 공통적인 기호로써 개인적이기보다는 일반적인 기능을 하기 때문이다. 그렇지만 시인은 그 한계에 좌절하지 않고 비유를 밀고 나아간다. 주체성과 고유성을 가지고 보편성을 획득하는 것이다.

　시인의 비유 인식은 하이데거가 언어를 존재의 집으로 본 것과 상통한다. 시인은 비유를 통해 자기 존재를 확인한다. 단순히 사물이나 상황을 지칭하는 것이 아니라 이 세계와 관계를 맺는다. 시인의 시적 언어는 "현실의 단순한 환상적 반영으로 나타나지 않고 활력의 원천으로 나타나"[1]는 것이다. 집이 존재자의 삶을 영위할 수 있는 공간이듯이 시어는 시인이 존

---

[1] 얀 무카로브스키, 「시적 언어란 무엇인가」, 『현대시의 이론』, 박인기 편역, 지식산업사, 1989, 109쪽.

재할 수 있는 공간이다. 시인은 혀가 만들어내는 말로 사회적인 존재성을 확립한다. 따라서 시인의 혀에 대한 인식론은 시어를 토대로 한 시론일 뿐만 아니라 사회적 존재로서 추구하는 사랑론이다.

2.

> 본적은 근육이나 소속은 뼈다
> 먹고 마시는 일로 안녕을 세우는 척추고
> 소리의 골수가 흐르는 언어의 통로다
>
> 작지만 운명을 끌고 가는 밧줄이며
> 생의 첫 올가미다
>
> 이따금 갈등의 씨앗이 되는 살덩이
> 남의 집에서 집들이를 하기도 하고
> 쑥대밭에 홀로 남은 신발이 되기도 한다
>
> 양 갈래의 뿌리를 가진 혀가
> 가슴보다 머리 쪽으로 더 자랄 때
> 혀는 칼날이 되어 자신부터 벤다
>
> 피 냄새에 몰려드는 괴물들
> 그들에게 피를 뿌려주지 않으려면

입김으로 따뜻하게 데운 후에 꺼내야 한다
몇 번이고 되새김질하는 소처럼
　　　　　　　　　　　—「혀에 관한 직설」 전문

  위의 작품은 "혀"의 본적이 "근육"이고, 혀의 소속이 "뼈"라고 비유한 데서 볼 수 있듯이 결합 관계를 형성한다. 혀를 갈등의 씨앗이 되는 "살덩이"라거나, 먹고 마시는 일로 안녕을 세우는 "척추"라거나, 양 갈래의 "뿌리"를 가진 존재로 묘사한 것도 마찬가지이다. 그 결과 혀와 근육, 혀와 뼈, 혀와 척추, 혀와 살덩이, 혀와 뿌리는 인접 대상이 되어 서로는 서로를 품는다. 서로를 받치고, 서로를 돌보고, 서로를 살려 혀의 존재성을 세운다. 마치 집과 창문, 집과 마루, 집과 뜰의 관계처럼 서로는 결합한다. 수평적인 관계로 환유를 이루어 혀의 정체성을 보다 확립하는 것이다.

  또한 위의 작품은 혀를 "소리의 골수가 흐르는 언어의 통로"라고 비유한 데서 볼 수 있듯이 선택 관계를 형성하고 있다. 선택 관계는 제자리에서 멈추지 않고 "작지만 운명을 끌고 가는 밧줄"로, "생의 첫 올가미"로 나아간다. "이따금 갈등의 씨앗이 되"고, "남의 집에서 집들이를 하"고, "쑥대밭에 홀로 남은 신발이" 된다. 마치 물고기와 고래, 물고기와 고등어, 물고기와 참치의 관계처럼 확장되는 것이다.

  위의 작품은 혀의 육체적인 면이 결합 관계로 확립되고, 혀의 소리나 말과 관계된 특성이 선택 관계로 확장되어, 혀의 존재성이 새롭게 인식된다. 그리하여 혀가 "가슴보다 머리 쪽으로 더 자랄 때"는 "칼날이 되어 자신부터" 벤다고 경고한다. 그에 따라 피 냄새에 몰려드는 괴물들에게 피를 뿌리지 않으려면 혀를 "입김으로 따뜻하게 데운 후에 꺼내야 한다"고, "몇 번이고 되새김질하는 소"와 같이 사용해야 한다고 자각한다.

> 퇴화되지 않았다
> 입안에서 끊임없이 진화 중이다
> 엉덩이마냥 씰룩거리는 양 볼때기 안에서
> 흔들어대는 붉은 꼬리
> 얼마나 길고 단단한지
> 눈감고도 여러 명의 뒤통수를 칠 수 있다
>
> 악어나 고래의 꼬리처럼
> 수중 생활에 적응하기 위해 납작해졌다는 건 오해
> 위기가 닥치면 방울뱀의 꼬리가 되기도 한다
> 요란하게 흔들수록 치명의 전파 혹은 전이
>
> 지금도 현란하게 증식 중이다
> 카멜레온처럼 아무 곳이나 꼬리를 떼어놓아도
> 가장 **빠른** 복제를 위해 **뼈** 없이 분화하는
> 아흔아홉의 저 질긴 혓바닥
> 가끔 입을 벌리고 안부를 묻는다
>
> ―「꼬리뼈」 전문

위의 작품은 "혀"와 "꼬리뼈"가 선택 관계를 형성한다. 꼬리뼈는 퇴화하지 않고 "입안에서 끊임없이 진화"하는 중이다. "엉덩이마냥 씰룩거리는 양 볼때기 안에서" 부단하게 흔들어 댄다. 혀가 "얼마나 길고 단단한지/눈감고도 여러 명의 뒤통수를 칠 수 있"을 정도이다.

혀의 선택 관계는 "악어나 고래의 꼬리"로, "방울뱀의 꼬리"로 확장된다. 혀는 수중 생활에 적응하기 위해 납작해진 악어나 고래의 꼬리와 다르게 동력이 강하다. 또한 위기가 닥치면 방울뱀의 꼬리가 될 정도로 환경에 대한 적응이 빠르다. "요란하게 흔들수록 치명의 전파 혹은 전이"가 되지만, "지금도 현란하게 증식 중"이다.

혀의 선택 관계는 "카멜레온"의 "꼬리"까지 나아간다. 카멜레온은 "아무 곳이나 꼬리를 떼어놓아도/가장 빠른 복제를 위해 뼈 없이 분화"한다. 아홉 개의 혓바닥으로 "가끔 입을 벌리고 안부를 묻"기도 한다. "혀"와 "혓바닥"은 결합 관계를 형성해 혀의 존재성은 더욱 부각된다.

혀는 퇴화하지 않고 입안에서 끊임없이 진화한다. 위기가 닥치면 방울뱀처럼 자신의 꼬리를 자르거나 카멜레온처럼 빠르게 환경에 몸을 맞춘다. 아울러 혀가 만든 말은 자기 존재를 지키는 차원을 넘어 타자와 함께한다. 언어의 집은 닫혀 있는 것이 아니라 열려 있다. 자기를 보호하려고 방어벽을 쌓기보다는 개방을 지향한다. 이 세계와 어울려 존재의 집을 만드는 것이다.

> 작은 입속에 갇혀서도
> 거침없는 혓바닥
>
> 씹히지 않고
> 물리지도 않고
>
> 할 말 다 하는
> 저 완벽한 자세
>
> 너에게 찔린 이후
> 침묵하는 자유를 배웠다
>
> ─「무애(無碍)」 전문

 위의 작품에서 보듯이 혀는 "작은 입속에 갇혀서도/거침없는 혓바닥"을 움직인다. "씹히지 않고/물리지도 않고//할 말 다 하는" "완벽한 자세"를 취한다. 막히거나 거칠 것 없이 존재하는 것이다.

 그렇지만 혀의 무애가 타자에게 그대로 인정되는 것은 아니다. 행위자인 혀는 거칠 것 없이 행동할 수 있지만, 수용자는 큰 상처를 받거나 피해를 볼 수 있다. "너에게 찔린 이후/침묵하는 자유를 배"운 것이 그 모습이다.

 무애는 개인적이거나 절대적인 것이 아니라 상호 관계적이고 상대적인 개념이다. 혀를 어떻게 사용하느냐 따라 누군가는 가해자가 되고, 누군가는 피해자가 된다. 따라서 혀를 제대로 써야 무애를 이룰 수 있다. 곧 진정한 사랑을 할 수 있는 것이다.

3.

> 내게 헤르메스가 다녀가셨다
> 몸의 혀만 훔쳐 가셨다
> 나비처럼 팔랑거리며 노래하던
> 유년의 혀가 사라졌다
> 웃음을 퍼 올리던 싱싱한 혀 대신
> 함구하는 버릇을 들여놓으셨다
> 이후로 의심은 들었으나 묻지 않았고
> 분노하는 일도 많았으나 침묵하는 병이 생겼다
> 목청에서는 혀를 찾아오라 닦달했지만
> 수다와 말싸움이 사라진 입속이 고요해서 좋았다
> 빙벽처럼 얼굴이 쩍쩍 갈라지기 시작했을 때
> 세상의 벽들이 악몽을 낳았을 때
> 입 닫으니 귀도 막힌 것을 알았다
> 어디에 숨겨놓았을까 내 혀를
> 쥐구멍을 찾는 대신 심장을 치기로 한 건
> 그날 이후다
> 　　　　　　　　　　—「혀를 찾는 사람」 전문

위의 작품에서는 말을 잃은 "혀"의 상황을 "헤르메스가 다녀 가셨다"라고 비유하고 있다. 혀와 헤르메스(Hermes)가 선택 관계를 형성해 유사 상황이 된 것이다. 헤르메스는 하늘의 지배자인 제우스(Zeus)와 아틀라스의 딸 마이아(Maia) 사이에서 태어난 아들로 다산의 신으로 숭상되어 남근상으로 표현되기도 하고, 신들의 사자(使者)로 죽은 사람을 하데스로 인도하는 안내자로 등장하기도 하다. 헤르마스가 "몸의 혀만 훔쳐 가셨다"라는 것은 후자의 모습이다. 그 결과 "나비처럼 팔랑거리며 노래하던/유년의 혀가 사라"지고 만 것이다.

이러한 혀의 상황은 일시적인 것이 아니어서 선택 관계가 "함구하는 버릇"으로, "침묵하는 병"으로 전개된다. "웃음을 퍼올리던 싱싱한 혀 대신/함구하는 버릇을 들여놓"게 된 것이다. "의심은 들었으나 묻지 않았고/분노하는 일도 많았으나 침묵하는 병"도 생긴 것이다.

"목청에서는 혀를 찾아오라 닦달"한다. 그렇지만 그것은 불가능한 일이기에 몸은 목청의 요구를 무시한다. 오히려 "수다와 말싸움이 사라진 입속이 고요해서 좋"다고 반어적으로 말한다. 몸이 혀를 잃게 된 것은 다른 존재자와의 대결에서 패배했기 때문이다. 상대방과의 수다와 말싸움에서 진 것이다. "빙벽처럼 얼굴이 쩍쩍 갈라지기 시작했을 때", "세상의 벽들이 악몽을 낳았을 때", 그렇게 되어 입이 닫혔을 뿐만 아니라 "귀도 막힌" 것이다.

몸이 혀를 잃어 말할 수 없게 된 것은 자연적인 현상이라기보다는 특별한 상황에 연유한다. 가령 언론의 자유를 억압하는 독재정권이나 직원들의 언로를 가로막는 상사를 들 수 있다. 그러한 상황에서는 수다나 말싸움을 제대로 할 수 없다. 따라서 말할 수 없는 처지가 오히려 편하다고 반어적으로 말하는 것이다.

그렇지만 몸은 잃어버린 혀를 포기하지 않는다. 자기 존재를 포기할 수 없기에 "어디에 숨겨 놓았을까 내 혀를" 하고, 찾기 시작한다. 그 혀를 찾기란 쉽지 않지만, 결심한 "그날 이후" "쥐구멍을 찾는 대신 심장을 치기" 시작한다. 심장을 치는 것은 대결 의지를 살리는 모습이다. 화자는 잃어버린 혀를 찾기 위해, 다시 말해 자기 존재를 회복하기 위해 수다와 말싸움을 다시금 시도하는 것이다.

> 시작이다
> 어디로 가야 할지 아는 첫걸음이다
> 혀의 물관은 부풀어 오르고 뿌리는 심장 쪽으로 뻗는다
>
> 작은 잎사귀 하나로 너를 두드리고
> 너를 흔들고
> 너에게 닿기 위해 가지를 낸다
> 송곳처럼 네게 향하며
> 때로는 화살처럼 너를 겨눈다

네게 가는 발걸음은 가볍고 보폭은 길다
허공을 딛고 가뿐하게 길을 만든다

입을 떼는 순간 무성한 숲에서 건져 올린
그러니까 그 한여름 초록의 그 울울창창한 숲이 터뜨린
외마디 비명 하나
위로와 이해와 격려와 응원이 뜨겁게 뭉친 첫마디
혀와 혀에 의한

혼잣말처럼 호수 속에 가라앉고 마는 돌멩이가 될지라도
던진다
사라지더라도 사라지고 말더라도
호수 전체를 흔든 적 있지 않았냐고
호수는 그래서 늘 반짝였다고

파문이 인다
햇살이 태어나고 언어의 그림자가 내게 걸어온다
—「혀의, 혀에 의한」 전문

 위의 작품에서 "혀"는 "물관"과 "뿌리"와 "심장"과 결합 관계를 형성한다. 환유의 대상은 단순히 혀를 호칭하는 역할에 그치지 않고, 혀가 말하는 순간에 동력을 낸다. 혀의 말하기는 물관, 뿌리, 심장 등과 공동체의 존재성을 갖는다.
 또한 "혀"는 "작은 잎사귀"와 선택 관계를 형성한다. 그 관계는 다시 "가지"로, "무성한 숲"으로, 위로와 이해와 격려와 응원이 뜨겁게 뭉친 "외마디 비명"으로, "돌멩이"로, 그리고 "언어의 그림자"로 나아간다. 유사한 존재들과 함께하며 새로운 의미를 띠는 것이다.

혀에서 탄생한 말은 "어디로 가야 할지 아는 첫걸음"을 뗀다. 그것을 위해 "혀의 물관은 부풀어 오르고 뿌리는 심장 쪽으로 뻗는다". 혀와 인접한 존재가 함께 출발하는 것이다. 혀는 "작은 잎사귀 하나로 너를 두드리고/너를 흔들고/너에게 닿기 위해 가지를 낸다". "송곳처럼 네게 향하며/때로는 화살처럼 너를 겨"누기도 한다. 말을 품기 위해 잎사귀와 가지가 혀를 열렬히 바라는 것이다. "네게 가는 발걸음은 가볍고 보폭은 길"고, "허공을 딛고 가뿐하게 길을 만"드는 것에서도 볼 수 있다.

혀가 만들어 낸 말이 세상에 나오는 상황은 "한여름 초록의 그 울울창창한 숲이 터뜨린/외마디 비명 하나"와 같다. 그 말은 "위로와 이해와 격려와 응원이 뜨겁게 뭉친 첫마디"이다. "혀와 혀에 의"한 결실인 말은 스스로 어디로 가야 할지 알고 "혼잣말처럼 호수 속에 가라앉고 마는 돌멩이가 될지라도" 자신의 몸을 던진다. 설령 자신의 육신이 "사라지더라도 사라지고 말더라도" 기꺼이 실행한다. 그 이유는 외마디가 "호수 전체를 흔든 적 있"고, "호수는 그래서 늘 반짝였"고, 그것으로 "파문이" 이는 것을 알고 있기 때문이다.

화자는 혀와 혀에 의해 만들어진 외마디를 대견하게 바라본다. 그리고 혀에 다가오는 헤르메스에 적극적으로 맞선다. "햇살이 태어나고 언어의 그림자가 내게 걸어온다"라고 노래하는 것이다.

> 단감을 자르다 두 동강이 난 씨의 단면에
> 하얀 혓바닥
> 혀부터 자랐던 것인가 태아는
>
> 단단한 겉껍질을 가르고 돋아날
> 저 부드러운 혀의 식탐이 보인다
>
> 나오자마자 흙을 빨고 핥으며
> 뿌리 내릴 자리를 살필 것이다
> 순하게 눈망울을 맞추며 젖을 빨아들이는 아기처럼
> 식탐만으로도 어미의 품을 다 차지할 것이다
>
> 말도 배울 것이다 저 혀로
> 햇살의 말을 듣고 바람의 말을 가로채며
> 나붓나붓 옹알이하는 잎사귀가 될 것이다
>
> 어느 날 빽빽하게 자란 잎들이
> 한 점 여백 없는 그늘이 될 때
> 그 혀 아래로 사람들이 모이리라
>
> 가지마다 단감을 주렁주렁 달고서
> 흙과 햇살과 바람의 이야기를 전해주리라

아, 탯줄 같은 저 혓바닥

—「감 씨앗」 전문

위의 작품에서 "혀"는 "단감"과 선택 관계를 형성해 은유의 세계를 전개한다. 단감의 "씨", 혀부터 자라나는 "태아", 나붓나붓 옹알이하는 "잎사귀", 한 점의 여백도 없는 "그늘", 단감을 주렁주렁 매달고 흙과 햇살과 바람의 이야기를 전해주는 "가지" 등으로 확장하는 것이다.

화자는 "단감을 자르다 두 동강이 난 씨의 단면"을 바라보며 "하얀 혓바닥"을 떠올린다. 그리고 혀부터 자랐던 "태아"를 상상하며 "단단한 겉껍질을 가르고 돋아날" 혀가 가진 "식탐"을 생각한다. 식탐은 생명체의 욕망에서 가장 근원적인 것이다. 그것은 욕심과 다르다. 욕심이 불만족을 가지고 더 큰 만족을 추구한다면 욕망은 더 본질적이다. 감 씨의 혀는 절대적인 운명에 순응하지 않고 밀고 나아가는 것이다.

혀와 선택 관계에 있는 감 씨는 세상에 "나오자마자 흙을 빨고 핥으며/뿌리 내릴 자리를 살"핀다. 그 모습은 마치 "순하게 눈망울을 맞추며 젖을 빨아들이는 아기"와 같다. 식탐이 큰 아기는 "어미의 품을 다 차지"한다. 그뿐만 아니라 감 씨는 혀로 "말도 배"우고, 성장한 뒤에는 "햇살의 말을 듣고 바람의 말을 가로채며/나붓나붓 옹알이하는 잎사귀가" 된다.

"어느 날 빽빽하게 자란 잎들이/한 점 여백 없는 그늘이 될 때/그 혀 아래로 사람들이 모"여든다. 감 씨가 사람들에게 더운 날씨를 피할 수 있는 자리를 마련해준 것이다. 감 씨는 더욱 성장해 "가지마다 단감을 주렁주렁" 매달고 "흙과 햇살과 바람의 이야기를 전해"준다. 결국 탯줄 같은 혓바닥을 가진 감 씨가 타자와 함께하는 존재가 된 것이다.

4.

    잘게 토막 쳐낸 산낙지 다리
    그 꿈틀거리는 해풍을 입안에 밀어 넣으면
    쩍쩍 들러붙는 즉흥 환상곡의 풍랑주의보

    해구를 건너고 해저산맥 넘어
    생의 가파른 물살 헤쳐 왔을 낙지의 빨판
    잘근잘근 씹혀도 끝까지 함락되지 않겠다는
    저 팽팽한 오기의 힘줄

    네게 설득당할 때 내 눈빛이 그랬고
    내가 이해를 구할 때 네 혀가 그랬었다

    갯벌을 뒤집고 그물을 휘어잡으며
    쓰나미도 견뎌냈을 것이다
    저 모진 흡착력은

질식사로 돌진하겠다는 미친 사랑아!

—「혀의 랩소디」 전문

위의 작품은 "혀"와 "산낙지 다리"가 선택 관계를 형성해 "꿈틀거리는 해풍", "풍랑주의보", "낙지의 빨판", "내 눈빛", "네 혀"로 나아가고, 마침내 "미친 사랑"에 이른다. 혀의 존재가 의사를 전달하는 데에 머무르지 않고 "랩소디"를 부르는 주체자가 된다. 혀가 주체성을 가질 때 격한 감정을 표현하고, 열광적으로 발언하고, 즉흥성을 중시하는 노래를 부른다.

작품의 화자는 "잘게 토막 쳐낸 산낙지 다리"를 입안에 밀어 넣으며 "꿈틀거리는 해풍"이나 "쩍쩍 들러붙는 즉흥 환상곡의 풍랑주의보"를 느낀다. 그 산낙지의 다리에 있는 빨판은 "해구를 건너고 해저산맥 넘어/생의 가파른 물살 헤쳐 왔"다. "잘근잘근 씹혀도 끝까지 함락되지 않"고 "팽팽한 오기의 힘줄"을 내보인다.

화자는 산낙지의 모습을 자기의 실제 상황으로 연결한다. "네게 설득당할 때 내 눈빛이 그랬고/내가 이해를 구할 때 네 혀가 그랬"다는 것이다. 산낙지가 빨판으로 자기의 생명력을 지키려고 하는 것처럼 화자는 자기의 목표에 투신한다. 혀가 만들어 낸 말을 무기로 삼고 삶과 사랑의 전투에 나서는 것이다.

화자의 그 모습은 산낙지가 "갯벌을 뒤집고 그물을 휘어잡으며/쓰나미도 견뎌"낸 것과 같다. 산낙지의 "모진 흡착력"은 목표에 대한 화자의 의지이다. 곧 "질식사로 돌진하겠다는 미친 사랑"이다. 그 사랑은 인연에 대한 태도를 넘어 운명이나 삶에 대한 것일 수 있다. 그 무엇이든 화자는 이전보다 훨씬 적극적으로 혀를 사용한다. 화자에게 사랑은 어렵고 힘들지만 결코 포기할 수 없는 가치인 것이다.

> 소리가 사라졌을 때
> 혀가 두드리는 암담한 부호
> 꿈속에서 때때로 긴급 신호를 보낸다
> 해독할 수 없다고 돌아온 통증의 흔적
> 사랑을 지운 아침의 섬광은 더 절망적이다
> 이별의 스위치는 언제나 On
> 닫아버린 미래로 보낸 구조 요청 신호가
> 시간을 거꾸로 돌리고 있다
> 손짓과 눈짓만으로 통하던 사랑을
> 말로 설명하기 시작했을 때
> 거기에 변명의 함량이 점점 늘어나기 시작했을 때
> 불면은 이미 치사량을 넘어선다
> 그때 사랑이 죽고 절망이 태어나
> 사생아처럼 키우는 지금에도
> 여전히 난 사랑을 타전하는 중이다
> ―「혀의 부호」 전문

위의 작품은 "혀"와 "소리"가 결합 관계를 이루어 혀가 소리를 만드는 것을 확인시켜준다. "혀"는 "암담한 부호"와 선택 관계도 형성한 뒤 "긴급한 신호"로, "통증의 흔적"으로, "아침의 섬광"으로, "스위치"로, "구조요청 신호"로, "불면"으로, 그리고 "사랑"으로 확장한다.

사랑하는 사람으로부터의 "소리가 사라졌을 때" 화자의 "혀가 두드리는 암담한 부호"는 이루 말할 수 없이 절박하다. 단절된 인연의 상황을 이어보려고 부단하게 애쓰는 모습은 "꿈속에서 때때로 긴급 신호를 보"낼 정도이다.

보낸 신호가 "해독할 수 없다고 돌아"오기에 화자가 느끼는 "통증의 흔적"은 크기만 하다. "사랑을 지운 아침의 섬광은 더 절망적이다". 화자에게 "이별의 스위치는 언제나 On"이다. "닫아버린 미래로 보낸 구조요청 신호가/시간을 거꾸로 돌리고 있"는 것이다.

화자에게 인연의 상대는 "손짓과 눈짓만으로 통하던 사랑"이었다. 그런데 "말로 설명하기 시작했을 때/거기에 변명의 함량이 점점 늘어나기 시작했"다. 사랑의 거리가 가까워질수록 권리 못지않게 책임과 의무가 따른다. 그것을 수행하기가 쉽지 않으므로 말로 변명하는 경우가 잦아졌다. "불면은 이미 치사량을 넘어"섰고, "사랑이 죽고 절망이 태어"난 것이다.

그렇지만 화자는 사랑을 포기하지 않는다. 절망하거나 좌절하지도 않는다. 오히려 실패한 사랑을 "사생아처럼 키"운다.

사생아일지라도 외면하지 않고 품으려고 하는 것이다. 화자는 여전히 "사랑을 타전하는 중이다". 사랑을 찾기 위해 은유와 환유를 부단하게 추구한다. 혀가 만든 사랑의 노래를 욕망으로 부르는 것이다.

孟文在 | 문학평론가 · 안양대 교수

푸른사상 시선

1. **광장으로 가는 길** | 이은봉·맹문재 엮음
2. **오두막 황제** | 조재훈
3. **첫눈 아침** | 이은봉
4. **어쩌다가 도둑이 되었나요** | 이봉형
5. **귀뚜라미 생포 작전** | 정원도
6. **파랑도에 빠지다** | 심인숙
7. **지붕의 등뼈** | 박승민
8. **살찐 슬픔으로 돌아다니다** | 송유미
9. **나를 두고 왔다** | 신승우
10. **거룩한 그물** | 조항록
11. **어둠의 얼굴** | 김석환
12. **영화처럼** | 최희철
13. **나는 너를 닮고** | 이선형
14. **철새의 일인칭** | 서상규
15. **죽은 물푸레나무에 대한 기억** | 권진희
16. **봄에 덧나다** | 조혜영
17. **무인 등대에서 휘파람** | 심창만
18. **물결무늬 손뼈 화석** | 이종섶
19. **맨드라미 꽃눈** | 김화정
20. **그때 나는 학교에 있었다** | 박영희
21. **달함지** | 이종수
22. **수선집 근처** | 전다형
23. **족보** | 이한걸
24. **부평 4공단 여공** | 정세훈
25. **음표들의 집** | 최기순
26. **나는 지금 운전 중** | 윤석산
27. **카페, 가난한 비** | 박석준
28. **아내의 수사법** | 권혁소
29. **그리움에는 바퀴가 달려 있다** | 김광렬
30. **올랜도 간다** | 한혜영
31. **오래된 숯가마** | 홍성운
32. **엄마, 엄마들** | 성향숙
33. **기룬 어린 양들** | 맹문재
34. **반국 노래자랑** | 정춘근
35. **여우비 간다** | 정진경
36. **목련 미용실** | 이순주
37. **세상을 박음질하다** | 정연홍
38. **나는 지금 외출 중** | 문영규
39. **안녕, 딜레마** | 정운희
40. **미안하다** | 육봉수
41. **엄마의 연애** | 유희주
42. **외포리의 갈매기** | 강 민
43. **기차 아래 사랑법** | 박관서
44. **괜찮아** | 최은묵
45. **우리집에 왜 왔니?** | 박미라
46. **달팽이 뿔** | 김준태
47. **세온도를 그리다** | 정선호
48. **너덜경 편지** | 김 완
49. **찬란한 봄날** | 김유섭
50. **웃기는 짬뽕** | 신미균
51. **일인분이 일인분에게** | 김은정
52. **진뫼로 간다** | 김도수
53. **터무니 있다** | 오승철
54. **바람의 구문론** | 이종섶
55. **나는 나의 어머니가 되어** | 고현혜
56. **천만년이 내린다** | 유승도
57. **우포늪** | 손남숙
58. **봄들에서** | 정일남
59. **사람이나 꽃이나** | 채상근
60. **서리꽃은 왜 유리창에 피는가** | 임 윤
61. **마당 깊은 꽃집** | 이주희
62. **모래 마을에서** | 김광렬
63. **나는 소금쟁이다** | 조계숙
64. **역사를 외다** | 윤기묵
65. **돌의 연가** | 김석환
66. **숲 거울** | 차옥혜
67. **마네킹도 옷을 갈아입는다** | 정대호
68. **별자리** | 박경조
69. **눈물도 때로는 희망** | 조선남
70. **슬픈 레미콘** | 조 원
71. **여기 아닌 곳** | 조항록
72. **고래는 왜 강에서 죽었을까** | 제리안
73. **한생을 톡 토독** | 공혜경
74. **고갯길의 신화** | 김종상
75. **고개 숙인 모든 것** | 박노식
76. **너를 놓치다** | 정일관
77. **눈 뜨는 달력** | 김 선
78. **거꾸로 서서 생각합니다** | 송정섭

79	시절을 털다ㅣ김금희	120	을의 소심함에 대한 옹호ㅣ김민휴
80	발에 차이는 돌도 경전이다ㅣ김윤현	121	격렬한 대화ㅣ강태승
81	성규의 집ㅣ정진남	122	시인은 무엇으로 사는가ㅣ강세환
82	번함 공원에서 점을 보다ㅣ정선호	123	연두는 모른다ㅣ조규남
83	내일은 무지개ㅣ김광렬	124	시간의 색깔은 자신이 지향하는 빛깔로 간다ㅣ박석준
84	빗방울 화석ㅣ원종태		
85	동백꽃 편지ㅣ김종숙	125	뼈의 노래ㅣ김기홍
86	달의 알리바이ㅣ김춘남	126	가끔은 길이 없어도 가야 할 때가 있다ㅣ정대호
87	사랑할 게 딱 하나만 있어라ㅣ김형미	127	중심은 비어 있었다ㅣ조성웅
88	건너가는 시간ㅣ김황흠	128	꽃나무가 중얼거렸다ㅣ신준수
89	호박꽃 엄마ㅣ유순예	129	헬리패드에 서서ㅣ김용아
90	아버지의 귀ㅣ박원희	130	유랑하는 달팽이ㅣ이기헌
91	금왕을 찾아가며ㅣ전병호	131	수제비 먹으러 가자는 말ㅣ이명윤
92	그대도 내겐 바람이다ㅣ임미리	132	단풍 콩잎 가족ㅣ이 철
93	불가능을 검색한다ㅣ이인호	133	먼 길을 돌아왔네ㅣ서숙희
94	너를 사랑하는 힘ㅣ안효희	134	새의 식사ㅣ김옥숙
95	늦게나마 고마웠습니다ㅣ이은래	135	사북 골목에서ㅣ맹문재
96	버릴까ㅣ홍성운	136	왜 네가 아니면 전부가 아닌지ㅣ정운희
97	사막의 사랑ㅣ강계순	137	멸종위기종ㅣ원종태
98	베트남, 내가 두고 온 나라ㅣ김태수	138	프엉꽃이 데려온 여름ㅣ박경자
99	다시 첫사랑을 노래하다ㅣ신동원	139	물소의 춤ㅣ강현숙
100	즐거운 광장ㅣ백무산·맹문재 엮음	140	목포, 에말이요ㅣ최기종
101	피어라 모든 시낭ㅣ김자흔	141	식물성 구체시ㅣ고 원
102	염소와 꽃잎ㅣ유진택	142	꼬치 아파ㅣ윤임수
103	소란이 환하다ㅣ유희주	143	아득한 집ㅣ김정원
104	생리대 사회학ㅣ안준철	144	여기가 막장이다ㅣ정연수
105	동태ㅣ박상화	145	곡선을 기르다ㅣ오새미
106	새벽에 깨어ㅣ여국현	146	사랑이 가끔 나를 애인이라고 부른다ㅣ서화성
107	씨앗의 노래ㅣ차옥혜	147	더글러스 퍼 널빤지에게ㅣ백수인
108	한 잎ㅣ권정수	148	나는 누구의 바깥에 서 있는 걸까ㅣ박은주
109	촛불을 든 아들에게ㅣ김창규	149	풀이라서 다행이다ㅣ한영희
110	얼굴, 잘 모르겠네ㅣ이복자	150	가슴을 재다ㅣ박설희
111	너도꽃나무ㅣ김미선	151	나무에 기대다ㅣ안준철
112	공중에 갇히다ㅣ김덕근	152	속삭거려도 다 알아ㅣ유순예
113	새점을 치는 저녁ㅣ주영국	153	중딩들ㅣ이봉환
114	노을의 시ㅣ권서각	154	수평은 동무가 참 많다ㅣ김정원
115	가로수의 수학 시간ㅣ오새미	155	황금 언덕의 시ㅣ김은정
116	염소가 아니어서 다행이야ㅣ성향숙	156	고요한 세계ㅣ유국환
117	마지막 버스에서ㅣ허윤설	157	마스카라 지운 초승달ㅣ권위상
118	장생포에서ㅣ황주경	158	수궁가 한 대목처럼ㅣ장우원
119	흰 말채나무의 시간ㅣ최기순	159	목련 그늘ㅣ조용환

160 그대라면, 무슨 부탁부터 하겠는가 | 박경조
161 동행 | 박시교
162 광부의 하늘이 무너졌다 | 성희직
163 천년에 아흔아홉 번 | 김려원
164 이별 후에 동네 한 바퀴 | 이인호
165 무릉별유천지 사람들 | 이애리
166 오늘의 지층 | 조숙향
167 오른쪽 주머니에 사탕 있는 남자 찾기 | 김임선
168 소리들 | 정 온
169 울음의 기원 | 강태승
170 눈 맑은 낙타를 만났다 | 함진원
171 도살된 황소를 위한 기도 | 김옥성
172 그날의 빨강 | 신수옥
173 의지와 표상으로서의 세계이니 | 박석준
174 촛불 하나가 등대처럼 | 윤기묵
175 목을 꺾어 슬픔을 죽이다 | 김이하
176 미시령 | 김 림
177 소나무 방정식 | 오새미
178 골목 수집가 | 추필숙
179 지워진 길 | 임 윤
180 달이 파먹다 남은 밤은 캄캄하다 | 조미희
181 꽃도 서성일 시간이 필요하다 | 안준철
182 안산행 열차를 기다린다 | 박봉규
183 읽기 쉬운 마음 | 박병란
184 그림자를 옮기는 시간 | 이미화
185 햇볕 그 햇볕 | 황성용
186 내가 지켜내려 했던 것들이 나를 지키고 | 김용아
187 신을 잃어버렸어요 | 이성혜
188 웃음과 울음 사이 | 윤재훈
189 그 길이 불편하다 | 조혜영
190 귤과 달과 그토록 많은 날들 속에서 | 홍순영
191 버려진 말들 사이를 걷다 | 봉윤숙
192 나는 그를 지우지 못한다 | 정원도
193 시인 안에 북적이는 찌꺼기들 | 최일화
194 세렝게티의 자비 | 전해윤
195 고양이의 저녁 | 박원희
196 고요한 세상의 쓸쓸함은 물밑 한 뼘 어디쯤일까 | 금시아
197 순포라는 당신 | 이애리
198 고요한 노동 | 정세훈
199 별 | 정일관
200 시간의 색깔은 꽃나무처럼 환하다 | 백무산 · 맹문재 엮음
201 꽃에 쏘였다 | 이혜순
202 우수와 오수 사이 | 이 윤
203 열렬한 심혈관 | 양선주
204 머문 날들이 많았다 | 박현우
205 죄의 바탕과 바다 | 강태승
206 곰팡이도 꽃이다 | 윤기묵
207 지팡이는 자꾸만 아버지를 껴입어 | 이혜민
208 진뫼 오리길 | 김도수
209 연하리를 닮다 | 정유경
210 체위에 관한 질문 | 박미현
211 고 씨의 평미레 | 이주희
212 숲속 헌책방에서 | 강최현숙
213 부서지는 방식 | 이지우
214 등 속의 집 | 송기흥
215 구름 사내 | 주영국
216 개미는 노동으로 외로운 문을 연다 | 오기화

밀물의 숲

박미영 시집